Contraste insuffisant
NF Z 43-120-14

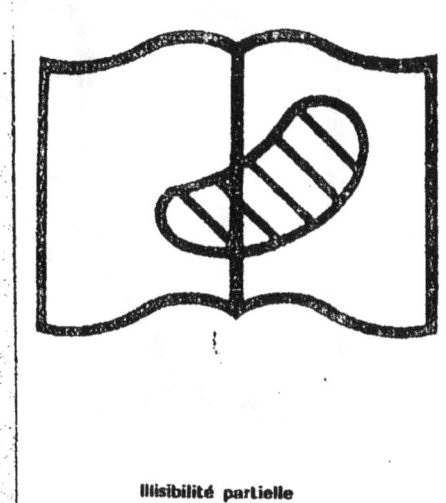

Illisibilité partielle

Valable pour tout ou partie
du document reproduit

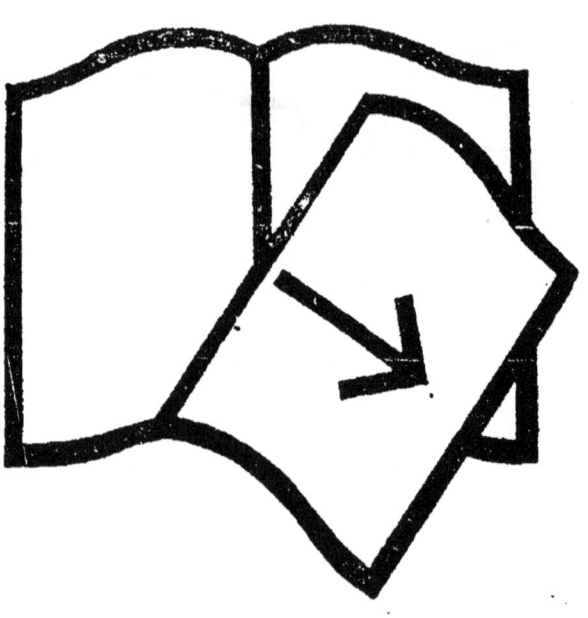

Couvertures supérieure et inférieure manquantes

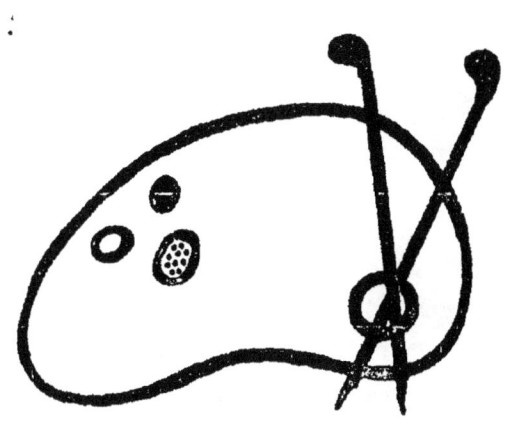

Original en couleur
NF Z 43-120-8

ACADÉMIE D'AIX

INSTALLATION

DE

Monsieur le Procureur Général
CLÉMENT-SIMON

Comme Membre d'honneur de l'Académie.

SÉANCE DU 7 MAI 1878

Discours de M. Clément-Simon
et de M. de Berluc-Pérussis, président de l'Académie.

AIX-EN-PROVENCE
MARIUS ILLY, IMPRIMEUR DE L'ACADÉMIE
Rue du Collège, 20

1878

INSTALLATION

DE

MONSIEUR LE PROCUREUR GÉNÉRAL

CLÉMENT-SIMON

Comme Membre d'honneur de l'Académie

Séance du 7 Mai 1878

DISCOURS DE M. CLÉMENT-SIMON

Messieurs,

Si j'avais suivi mon inclination, ce n'est pas comme membre d'honneur que j'aurais souhaité d'être admis parmi vous. Mon ambition et mes goûts eussent été mieux satisfaits si j'avais pu vous appartenir par les liens d'une confraternité plus étroite, entrer dans vos rangs comme un simple ouvrier heureux et fier d'associer son humble labeur aux travaux féconds des nobles vétérans de la science et des lettres qui illustrent votre compagnie.

Votre extrême bienveillance se fût peut-être prêtée à favoriser mes préférences et rien n'aurait pu me flatter davantage et mieux exciter ma gratitude. Mais je devais choisir l'honneur accordé à ma charge plutôt qu'à ma personne. La modestie me le conseillait et je me félicite de vous fournir l'occasion de sceller une fois de plus l'alliance séculaire de votre Académie avec la magistrature.

Cette alliance en effet date de votre berceau. En parcourant avec intérêt les volumes de vos annales, combien j'ai été heureux d'y rencontrer la trace de nombreux magistrats dont la mémoire est encore vivante dans le sein de cette grande et belle Cour d'Aix : les St-Vincens, les d'Arlatan-Lauris, les Castellan, les Rouchon et ceux que je vois autour de moi et qui succèdent si dignement à leurs devanciers. Les magistrats sont à leur place dans les Académies. Il en est peu qui ne marient pas le culte des lettres à la pratique des lois. Leurs austères fonctions leur commandent des habitudes de retraite. Le calme de leur vie est favorable à l'étude. Quels tristes loisirs que ceux qui ne sont pas charmés par le commerce de ces amis toujours fidèles qu'on retrouve au seuil de sa bibliothèque ! Quel repos fastidieux et stérile que celui qui est privé des nobles distractions de l'esprit ! La retraite devient alors la solitude, le loisir n'est plus que l'oisiveté. Un ancien l'a dit avec énergie : *Otium sine litteris, mors.*

Je vous remercie donc, Messieurs, de l'honneur renouvelé que vous avez voulu faire dans ma personne à la magistrature. C'est un anneau de plus que vous avez soudé à une chaîne d'or. S'il est, hélas ! d'un métal moins précieux que ceux auxquels il vient se rattacher, daignez croire qu'il ne sera pas moins solide et que rien désormais ne saurait le briser.

On assure que les liens de sang et de race ne périssent pas et qu'après des siècles ils exercent d'irrésistibles attractions. Serait-ce là ce qui m'entraînait vers vous et ce qui m'a valu votre gracieux appel? Je ne sais, mais au milieu de vous, dans cette hospitalière Provence, je ne me sens pas étranger, je retrouve au contraire les traditions de mon pays, la langue qui m'a nourri, une foule de souvenirs qui parlent à mon cœur. L'indulgent accueil que j'y ai reçu aidant à l'illusion, je pourrais croire que je suis chez moi. Le Limosin qui m'a vu naître appartient à l'antique langue provençale. Littérairement, nous avons la même origine, la même gloire, les mêmes aïeux. Le Limosin et la Provence ont grandi ensemble, ont aimé, chanté et souffert ensemble. Leur histoire se confond pendant des siècles : les plus brillants de leur existence. Nulle part plus qu'ici je ne pourrais retrouver des vestiges qui me sont chers et réveiller l'écho des noms qui ont illustré ma patrie.

L'antique gloire de cette terre limosine si riante dans sa pauvreté, comme les enfants de ses chaumières si beaux et si joyeux dans leurs haillons, peut être ignorée ailleurs : elle est connue de vous, parce que c'est votre propre gloire. Le Limosin, ce fut le cœur de la Provence. Vous ne serez pas blessé, j'en suis sûr, de cet accès de patriotique orgueil. J'exalte devant une mère la beauté et la grâce de sa fille aînée.

Hé bien oui, ce fut ce coin de terre qui passe aujourd'hui pour deshérité qui secoua le premier les langes de la barbarie. L'esprit souffle où il veut ! Le monde se relevait avec peine de la terrible épouvante de l'an mil. En proie à toutes les misères, à toutes les décrépitudes, il s'étonnait d'avoir dépassé la date fatale sans être mort d'épuisement et de vieillesse. L'obscurité était partout, dans les mœurs, dans les lois, dans les consciences même. A peine une lueur vacillante était-elle conservée au fond des cloîtres, protégée par des mains pieuses contre les mauvais vents du dehors. L'ignorance, la cruauté, la force brutale, régnaient sans frein. Et pourtant, dans cette épouvantable anarchie, ce monde caduc s'était repris à l'espoir. On entendait je ne sais quels murmures, on entrevoyait sur la nuit sombre je ne sais quels éclairs qui semblaient annoncer comme une aurore prochaine.

En effet, des entrailles de ce vieillard décrépit allait sortir un admirable déploiement de jeunesse, d'enthousiasme et d'amour ; sur ces ruines et dans ce chaos germait une superbe efflorescence. Un radieux printemps allait succéder presque sans transition au plus rude hiver. Véritable renaissance intellectuelle et morale, un Noël dans l'ordre profane, car c'était pour la première fois que certaines idées de justice, de loyauté, de désintéressement, d'abnégation, allaient entrer dans les rapports des hommes.

C'est du Nord aujourd'hui que nous vient la lumière, c'est au Midi qu'elle se leva alors. Le Nord était encore dans sa torpeur glacée, balbutiant un idiome rude comme ses mœurs, lorsque le Midi fit tout-à-coup entendre les sons mélodieux d'une langue déjà perfectionnée, et versa devant l'Europe ravie les trésors d'une littérature brillante et exquise. Dans son premier vol, la poésie des troubadours atteignit les sommets. Elle se hâtait sans doute parce qu'elle devait prématurément mourir. On peut dire qu'elle inventait la rime, car, avant elle, ce n'était qu'une assonance monotone et sans grâce ; elle la pliait à tous les caprices de l'imagination, l'alternant, la répétant, l'entrelaçant dans les combinaisons les plus ingénieuses. Elle conquérait pour toujours aux langues latines ce gracieux patrimoine. Du premier coup, elle trouvait tous les secrets du rythme et de la mesure, de la cadence et du nombre, tous les ornements, toutes les grâces, je dirais presque toutes les afféteries d'une poésie raffinée. Ce n'était pas seulement l'avènement d'une langue et d'une littérature, c'était aussi la manifestation d'une civilisation, d'une société nouvelles. Une littérature n'est qu'un reflet. C'est l'expression des idées, des aspirations, des mœurs d'une époque. Toute littérature a sa philosophie et sa morale qui sont celles du temps. Je ne prétends pas que les idées philosophiques et morales des troubadours fussent des plus élevées et des plus pures, mais elles annonçaient un immense progrès. C'était la société féodale dans sa période chevaleresque succédant à la société barbare, la raison essayant de combattre l'instinct, l'imagination s'élançant vers des horizons nouveaux, une certaine ardeur de dévouement et de sacrifice, la pitié pour les faibles au lieu du mépris et de l'oppression, l'amour remplaçant les brutales passions, le développement de la vie domestique, le respect de la femme ou plutôt son exaltation, son idéalisation.

Voilà ce que fut la littérature provençale. Voilà l'évènement qu'elle représente dans l'histoire de la civilisation nationale. Laissons-la rabaisser par ses détracteurs. Laissons contester sa signification et sa primogéniture. Plaignons ceux qui ne peuvent pas en goûter le charme. Ce langage n'est pas le leur, cette harmonie ne dit rien à leur âme.

tandis qu'elle nous émeut dans nos fibres les plus délicates. Ne nous étonnons pas que nos poëtes provençaux aient le même sort qu'Ovide sur les bords du Tanaïs.

Il n'y a pas là la moindre idée de rabaisser le Nord de la France devant le Midi, ni de créer une sorte de séparatisme ethnographique ou littéraire. Quelle indignité pour un cœur français! La France est une dans son passé comme dans son avenir; et cette indivisibilité est indestructible, parce qu'elle est fondée sur une origine commune que le travail des siècles n'a fait que cimenter. Le Midi n'a brillé de ses propres rayons que l'espace d'un matin : le Nord, au contraire, absorbant le Midi, a poursuivi sa journée et sa littérature a jeté un éclat qui est sans pareil au monde. Mais à chacun le sien, c'est l'axiome de la justice. Au Nord, la cantilène de sainte Eulalie, le roman de Wace l'anglo-normand, et si l'on veut la chanson de Roland où perce le souffle épique sous une langue encore rudimentaire; au Midi, ses chants d'amour et de guerre, ses cours galantes, ses mœurs douces et polies et sa myriade de poëtes. Les troubadours avant les trouvères.

C'est dans la seconde moitié du XI⁰ siècle que nous apparaît la poésie provençale dans une forme déjà parfaite. Le premier troubadour connu est Guillaume, comte de Poitiers et de Limoges, qui mourut en 1127. Quelques-unes de ses poésies ont été conservées. Celles de ses émules sont perdues. Parmi eux, le plus brillant était Ebles, vicomte de Ventadour, qui devant la postérité s'appelle Ebles le chanteur. Le suzerain et le haut vassal rivalisaient de talent et de magnificence. A la cour du comte de Poitiers, comme au château de Ventadour, on menait une vie luxueuse et élégante. Ce n'étaient que brillantes chevauchées, fêtes splendides, divertissements du corps et de l'esprit. Il faut lire dans le chroniqueur Geoffroy de Vigeois quelques traits de la vie de ces grands seigneurs limosins, qui écrivaient leurs chansons entre deux batailles, pratiquaient l'hospitalité d'une façon royale, armaient chevaliers de simples laboureurs qui avaient mérité cette dignité et respectaient la foi jurée à leur suzerain comme à leur dame (1).

Du même temps, on connaît deux autres troubadours ; Ebles de Pierre Buffière, renommé, dit le même auteur, par ses gracieuses cantilènes. C'était le favori du comte Guillaume, et qui ne lui cédait en rien par le génie, la politesse des mœurs et la courtoisie. Le quatrième poète est celui dont les œuvres nous offriraient le plus d'intérêt.

Grégoire Bechade de Lastours, homme lettré et d'un esprit pénétrant, nous apprend encore Geoffroy, composa sur les exploits des Croisés un poëme considérable en langue maternelle ou pour mieux dire en langue vulgaire, afin d'être parfaitement compris du peuple. Au retour de la Palestine, il y travailla l'espace de douze ans, sur l'ordre de l'évêque Eustorge (qui monta sur le siége de Limoges en l'an 1106). Quels regrets doit inspirer la perte de cette épopée ! C'était la Jérusalem délivré chantée par un témoin oculaire !

Les quatre troubadours les plus anciens que l'on connaisse appartiennent donc au Limosin. Puis nous voyons

---

(1) *Chronica Vosiensis*, ap. Labbe *Nova Bibliotheca manuscriptorum.*

défiler tous les maîtres de l'école limosine, la plus brillante et la plus renommée sans contradiction, et dont le grammairien provençal du XIII⁰ siècle, Raymond Vidal, dit dans sa Manière de trouver : « Dans tous les pays de notre langue, les chants en langue limosine jouissent d'une plus grande autorité que ceux d'aucun autre idiome. » Il suffit de nommer les plus célèbres : Bertram de Born, Gaucelme Faydit, Hugues de la Bachellerie, Bernard de Ventadour, Marie de Ventadour, Gui et Ebles d'Ussel, Gaubert de Puycibot, Giraud de Borneilh.

Ces poëtes que Dante lui-même admirait, qu'il n'a pas dédaigné d'imiter, ils vous appartiennent, Messieurs ; ils garderont toujours le nom de poëtes provençaux. C'est à bon droit que cette terre privilégiée les réclame comme ses enfants. La Provence aurait sans doute assez de lustre sans celui que lui donnent ses poëtes. La Grèce et Rome se sont unies pour tresser sa couronne. Les innombrables vestiges que le Peuple-Roi a laissés sur son sol, ses antiques libertés, ses États, son Parlement suffiraient pour l'illustrer ; mais son auréole littéraire est encore la plus précieuse. C'est celle qui lui est la plus chère, et elle a tressailli d'orgueil, lorsqu'après des siècles écoulés un nouveau troubadour de génie a essayé non sans succès de la replacer sur son front.

La plupart de ces charmants poëtes que je viens de nommer, ont d'ailleurs passé leurs jours en Provence. Ils étaient assidus à la cour si brillante et si hospitalière des Bérenger, et ils sont vos compatriotes comme les miens. Voulez-vous me permettre quelques souvenirs. Ils me sont doux, parce qu'ils créent des liens entre nos deux patries.

Gancelme Faydit, par exemple, un des plus renommés troubadours, l'amoureux passionné de la belle Marie de Ventadour, naquit à Uzerche. D'après Nostradamus, il se maria dans cette ville d'Aix avec une jeune fille d'une des meilleures maisons de Provence, Guillemette de Soliers. Il l'enleva du couvent où ses parents l'avaient placée et courut la France avec elle, ses musiciens et ses jongleurs. Elle était belle et possédait une voix harmonieuse. Elle chantait les sirventes et les tensons de son époux. Cette existence agitée la mena vite au tombeau. D'autres auteurs prétendent que Faydit se maria non avec Guillemette de Soliers, mais avec une baladine nommée Guillelme Monge, du bourg d'Alet, de la seigneurie de Bernard d'Anduze, dans la marche de Provence. Celle-ci aussi était belle et spirituelle et chantait admirablement, mais elle s'adonnait immodérément aux plaisirs et à la bonne chère, et mourut de ses excès. Après une série d'aventures, Faydit se retira chez Raymond d'Agoult, seigneur du Sault en Provence, et y termina ses jours.

Gaubert de Puycibot, né près de Limoges, vécut aussi et mourut dans vos parages. Il avait épousé une noble demoiselle de la maison provençale de Barras. Il eut le tort de la laisser seule pour suivre Savary de Mauléon qui allait en ambassade en Espagne. La solitude fut mauvaise conseillère. L'épouse délaissée fut enlevée par un chevalier anglais qui l'abandonna à son tour. Le malheur et la misère la firent tomber encore plus bas. Cependant Puycibot revint d'Espagne et, traversant la cité d'Arles, il retrouva sa femme dans les plus pénibles circonstances qu'on puisse imaginer. Ici je dois vous renvoyer au biographe provençal qui dit les choses par leur nom (1). Il faut reconnaître que ce Gaubert, qui de son côté ne brillait pas par la vertu, n'avait que ce qu'il méritait. Il arracha sa femme à la honte et la conduisit dans un couvent. Pour lui il eut tant de douleur et de repentir qu'il abandonna *lo trobar e'l cantar* et se réfugia de son côté dans la vie monastique. Il mourut en 1263 dans l'abbaye de Pignan ou de Thoronet, au diocèse de Fréjus. Ces deux existences eurent au moins une fin morale.

La voix des troubadours s'éteignit. Les destinées et les rapports de la Provence et du Limosin ne restèrent plus si unis ; mais dans les siècles plus récents combien de souvenirs de mon pays je retrouve encore parmi vous, combien de Limosins ont été mêlés à votre histoire. Des capitaines, des gouverneurs : les Ventadour, les Turenne, les Noailles ; des abbés de Saint-Victor, de Montmajour, des archevêques d'Arles et d'Aix, des cardinaux ; l'abbé Pierre de Bagnac, cardinal de Montmajour ; l'archevêque Pierre de Cros, cardinal d'Arles ; Etienne de Lagarde, archevêque d'Arles ; Guillaume, son frère, qui lui succéda et couronna, dans la basilique de Saint-Trophime, l'empereur Charles IV ; Daniel de Cosnac, archevêque d'Aix, et beaucoup d'autres.

Ce dernier, Daniel de Cosnac, est l'un de vos plus célèbres prélats, et c'est en même temps une des plus curieuses figures du XVII° siècle. Son administration agitée, pleine d'habileté et d'énergie, vous est connue. Ses longs séjours à Aix avec l'abbé poète Montreuil, ses nombreuses

(1) Rochegude, *Parnasse Occitanien.*

fondations, ses violents démêlés avec les ordres religieux de sa ville métropolitaine, son Concile provincial pourraient faire l'objet de la plus intéressante étude.

Après avoir trop longuement peut-être, (on s'attarde facilement sur le sentier des doux souvenirs,) parlé des Limosins chez les Provençaux, j'aimerais à vous montrer les Provençaux chez les Limosins. Je rappellerais beaucoup de noms qui vous sont chers, mais il faut savoir se borner. Je ne résiste pas cependant à dire en passant que nous partageons avec vous la célébrité des Mirabeau. Mirabeau l'aîné, dont le génie fait oublier le caractère, passa son enfance et une partie de sa jeunesse en Limosin, au château de Saillant, chez son oncle le comte de Lasteyrie, à Aigueperse, à Pierre Buffière, chez sa grand'mère la marquise de Vassan. On parle encore dans ces régions de la nature impétueuse, des écarts de cet enfant prodigieux, et des légendes extraordinaires se sont formées sur son compte. Si l'on en croit ces récits populaires, un de ses divertissements de jeune homme consistait à arrêter les gens sur les routes désertes et à leur arracher leur bourse sous menace de mort, sauf à les avertir le lendemain qu'ils avaient été victimes d'une plaisanterie de mauvais aloi.

Tandis qu'il fut nommé député du tiers-état d'Aix, son frère, le vicomte de Mirabeau, fut élu pour représentant par la noblesse du Haut-Limosin.

Vous le voyez, Messieurs, nos provinces quoique éloignées ont eu toujours de nombreux points de contact, et aujourd'hui encore dans cette renaissance de la langue maternelle, qui est l'honneur des Roumanille et des Mistral, les félibres du Limosin viennent vers vous comme vers des frères, et plusieurs ont eu l'honneur de remporter vos palmes.

Tous ces souvenirs me rendent particulièrement heureux d'entrer dans votre compagnie, et je n'ai plus besoin de témoigner de l'intérêt que je prendrai à vos travaux. Déjà, en lisant les nombreux volumes de vos mémoires que votre éminent et si sympathique président a bien voulu m'offrir en votre nom, j'ai goûté le charme du talent et de l'érudition de vos savants et de vos littérateurs. Je viendrai m'instruire à leur école, et les moments que je passerai avec eux seront pour moi aussi fructueux qu'agréables.

DISCOURS DE M. DE BERLUC-PÉRUSSIS

Président.

Monsieur,

Le Palais et notre Académie furent, de tout temps, voisins. L'Académie, orgueilleuse de ce voisinage, chercha toujours à faire siennes les illustrations du Palais. Grande est sa fierté, grande sa joie, d'inscrire aujourd'hui sur sa liste d'honneur un nom éminent sous l'hermine, éminent aussi dans les lettres. Elle n'oublie pas que les plus pures parmi les gloires savantes de cette province, c'est la robe qui les abrita. Elle s'avoue, en toute ingénuité, que, bien longtemps avant la création d'une société littéraire, la vraie Académie d'Aix, c'était notre vieille Cour souveraine de Provence. Elle se plaît à dire que cette Cour, toujours debout aujourd'hui, n'a perdu, avec son nom, son attribution la plus dangereuse, que pour mieux garder et mieux accroître ses traditions de savoir et d'éloquence.

Au moment, Monsieur, où vous venez ajouter un anneau brillant à cette longue chaîne de parlementaires lettrés, vous déplaira-t-il que j'évoque un instant leur mémoire? Ils sont, à vrai parler, vos ancêtres par l'esprit, vos répondants au seuil de cette compagnie. A qui payer la dette due à l'aïeul, sinon aux mains de l'héritier?

Au jour même de sa fondation, le parlement d'Aix eut la fortune, unique peut-être parmi les parlements de France, de compter dans les rangs de ses premiers membres un de ces initiateurs qui ouvrent la voie de l'étude à toute une province. A quelques pas du Palais de Justice s'élève encore la vieille demeure que le conseiller Gaspard Du Périer construisit au commencement de ce laborieux XVIe siècle, pour en faire, moins un hôtel aristocratique, qu'une bibliothèque de livres rares, un musée d'antiques, un médaillier, un cabinet de peinture. Ce fut là le berceau de cette lignée de jurisconsultes et de soldats, tous érudits, tous poètes; depuis François Du Périer, l'ami de Malherbe, et son fils Scipion, jusqu'à ce Du Périer qui, sous le nom de Dumouriez, appartient presque à notre temps.

Si les plus humbles sièges de la Cour étaient occupés par des Du Périer, quels grands noms ne rencontrerons-nous pas à la tête du Parlement? Vous les avez prononcés vous-même, Monsieur, avec vénération le jour où vous recueillîtes leur succession. François Ier se montra bien le Père des lettres quand il nous envoya pour premier président Chassanée, ce digne élève du Père de la justice, qui nous a laissé à la fois de sérieuses compilations juridiques et d'heureux essais en poésie latine. Comme tous les esprits qu'élargit et élève la culture littéraire, Chassanée se montra généreux et tolérant au milieu des atrocités de son temps. Mieux que son *Catalogus gloriæ mundi*, sa conduite dans l'affaire des Vaudois lui assure une pure et juste renommée. Il eut le courage de suspendre l'exécution d'un arrêt odieux et voulut empêcher le crime de Mérindol. Mais les passions surexcitées l'emportèrent; on assure que ce doux et loyal esprit fut victime du fanatisme de son entourage. A en croire la légende, on aurait profité de sa vive passion pour les fleurs pour lui offrir un bouquet empoisonné. Une telle mort ne messiérait point à cette belle physionomie : quoiqu'il en soit, Chassanée mort, d'Oppède qui, lui, n'avait pas la tolérance des lettrés, reprit l'œuvre inique du massacre, et souilla le roc de Mérindol de cette large tâche de sang que, depuis trois siècles, les flots de la Durance n'ont pu laver. Le Parlement tout entier, à cette triste date, semble obéir à une impulsion fatale ; on voit que le sabre y supplante la plume. Et l'avocat général Honoré Du Laurens (1586) n'écrit son *Henoticon* que pour démontrer la légitimité de courir sus aux hérétiques.

Mais, pour un Du Laurens, combien de magistrats, autrement illustres, nous réconcilient, à cette époque même, avec les parlementaires provençaux ? Voici d'abord le conseiller Jean de Lacépède (1578), plus tard président à mortier (1586), et qui passe de là à la première présidence de la Cour des comptes (1600) ; du faîte de cette grande situation, il demeure sans respect humain fidèle aux bonnes lettres, et publie ses poésies sacrées, psaumes ou sonnets, si recherchés, de nos jours encore, des curieux. On s'explique, avec de telles mœurs judiciaires, que la fille du président de Coriolis ait pu, en 1584, épouser un pauvre cadet de Normandie, échoué à Aix, sans autre richesse que ses rimes et le nom, obscur alors, de Malherbe.

Tandis que Lacépède préside la Cour des comptes, Du Vair arrive à la tête du Parlement. Quel nom que celui-là ! et quel nom jumeau il amène tout naturellement à l'esprit : Peyresc, un Mécène moins l'amitié d'Auguste, a dit Balzac ; le procureur général de la littérature, selon l'heureux mot de Bayle.

Ces deux hommes résument la Provence d'alors. A leur souvenir vient s'ajouter celui du procureur général Galaup de Chasteuil, écrivain, fils et père d'écrivains.

A peine cette génération est-elle éteinte qu'une autre surgit ; non moins laborieuse, non moins dévouée aux bonnes lettres. C'est d'abord le président Gaufridy, si connu par ses *Mémoires* et ses *Emplois* (1687) ; le conseiller du même nom, son fils, dont l'histoire de Provence est dans toutes nos bibliothèques ; puis un parent, un émule de Peyresc, le conseiller Thomassin de Mazaugues, qui fit revenir de Paris les manuscrits de notre mécène, vendus par un inepte héritier ; enfin son fils, président aux enquêtes, qui continua les études et les collections de son père, et, sans avoir rien publié sous son nom, fut la providence des auteurs ; car les Montfaucon, les Bougerel, les Muratori, les P. Lelong, les d'Olivet, lui durent la communication de matériaux sans nombre.

Il semble que le génie des lettres planait sur notre bonne vieille cité pour empêcher ce culte sacré de s'éteindre et ces trésors de se disperser. A la mort du dernier Mazaugues, comme après Peyresc, les archives historiques et littéraires, accumulées par tant de générations, furent de nouveau menacées de disparaître. Un frère et un neveu du président, MM. de Thomassin et de Trimond se partagèrent ces richesses. Le premier vendit sa part, qui, fort heureusement, tomba aux mains intelligentes de Mgr d'Inguimbert et est aujourd'hui l'orgueil de la bibliothèque de Carpentras. Le second, mieux inspiré, fit présent d'une portion, assez considérable encore, de cette collection au président de Saint-Vincens, correspondant de l'Académie des Inscriptions, un digne continuateur, au sein du Parlement d'Aix, des Peyresc et des Mazaugues. Je ne louerai pas M. de Saint-Vincens, non plus que le président, son fils ; leur vie, leurs œuvres, leurs libéralités envers la bibliothèque Méjanes, sont connues de tous, au sein surtout de cette Académie qui aime à lire ce nom révéré sur la liste de ses fondateurs.

C'est ainsi que, graduellement et sans interruption, cette magistrature de Provence s'est continuée, fidèle à ces grands souvenirs de la science et du bien-dire. Aujourd'hui encore, elle se complait à voir à sa tête un de ces esprits qui savent mêler à la gravité magistrale, l'empreinte délicate et charmante d'études fortement littéraires. Ce n'est pas notre Académie, en qui se fondit un jour, après une courte et brillante carrière, l'Institut philosophique d'Aix, qui pourrait oublier que l'un des plus vaillants mainteneurs de cette société fut le chef actuel de notre magistrature, pas plus qu'elle ne pourrait oublier la prose si oratoire de l'avocat, de l'administrateur ou du député, ou encore les vers tombés, aux heures de villégiature, de cette plume qui, avec la même aisance, burine le motif d'un arrêt ou la pointe d'un sonnet.

Ces traditions ont donné à la Cour d'Aix un si notoire relief, que par une rencontre qui n'est évidemment pas fortuite, le pouvoir semble choisir pour elle les plus érudits, les plus lettrés parmi ses magistrats d'élite. Les noms de MM. Saudbreuil, de Gabrielli, Desjardins, Beaune, vous viennent, Messieurs, tout naturellement à l'esprit; ils honorent notre Compagnie, et aucun nom mieux que le vôtre, Monsieur, ne pouvait ajouter aux leurs.

Comme eux tous, vous êtes magistrat au sens vrai et complet de ce grand mot, dont l'étymologie ne saurait être trop méditée. Vous êtes magistrat, c'est-à-dire des plus élevés non seulement par le siége, mais par le niveau des idées et du caractère, du savoir et des sentiments. Or un homme n'est tout cela que si au savoir juridique s'ajoute en lui le suc nourricier de ce que l'on appelait naguère encore les belles-lettres. Le droit serait, en effet, bien limité dans son horizon, sans ces grandes perspectives. C'est la philosophie qui le fonde, l'histoire qui l'éclaire, l'éloquence qui le traduit. Voilà pourquoi, tout juriste excellent, excelle aussi en ces grandes choses; pourquoi, Monsieur, à chaque étape de votre carrière judiciaire, vous avez marqué l'empreinte de l'érudit à côté de celle du jurisprudent.

Je ne veux remonter qu'à quelques années. Tout aussi bien je vous trouve, en 1872, inaugurant, comme avocat général, la rentrée de la Cour de Pau, par un discours qui est une œuvre, et une œuvre considérable. *La Démocratie et le Pouvoir judiciaire*, tel est le thème que, hardiment, courageusement, vous abordez, à l'heure la plus indécise et la plus troublée. Là, en esprit viril, qui sait jeter bas les entraves du préjugé, d'où qu'il vienne, vous luttez à la fois et contre ceux qui veulent faire de la justice la servante du populaire, et contre ceux qui veulent la soustraire à l'empire de l'idée, sainement entendue, de la démocratie. Remontant aux sources de la question, vous l'éclairez des lumières de la philosophie et de la science politique. L'unité du pouvoir judiciaire partagé par nos lois entre des juridictions si variées vous paraîtrait désirable. Vous souhaiteriez peut-être aussi l'indépendance plus complète de ce pouvoir qui, dans notre organisation, n'est en réalité qu'une branche du pouvoir exécutif. A vos yeux, le principe du jury, tel que nous l'avons emprunté des vieilles traditions germaniques et de l'Angleterre, est un principe fécond et qu'il serait dangereux d'ébranler ; cette magistrature anonyme peut seule, en l'état de nos mœurs, porter la responsabilité des condamnations capitales ou politiques. Par contre, il y aurait imprudence à appeler le jury soit à l'examen des débats civils, soit au jugement des procès correctionnels ; et plus encore peut-être à déléguer les fonctions judiciaires à une magistrature élective. Toutefois vous voudriez ne pas laisser l'avancement du juge absolument livré au caprice du pouvoir, et c'est sur ce desideratum final que votre plume s'arrête, après avoir sondé avec autant de profondeur que de fermeté ce grand et redouté problème de la justice dans la démocratie.

Cette étude révéla en son auteur un esprit d'une telle vigueur personnelle, qu'elle vous signala dès cet instant,

Monsieur, comme pouvant apporter l'aide la plus puissante à toute œuvre d'initiative intellectuelle. Or, c'était justement l'heure où l'homme en qui s'incarnait l'esprit d'initiative par excellence, l'à jamais regrettable M. de Caumont, cherchait, avant de mourir, à former un groupe intime de continuateurs de sa pensée. Il jeta naturellement les yeux sur le vaillant avocat-général de Pau, et eut, avant de quitter ce monde, la consolation de voir sa création privilégiée, le Congrès scientifique de France, s'organiser, sous votre direction, avec un relief digne des grandes sessions de Strasbourg ou d'Aix. Et j'ajoute que le souci de cette lourde tâche, ajouté à celui de vos occupations professionnelles, ne vous empêcha point d'apporter au Congrès de Pau votre contribution de travailleur. Ce mémoire, plein d'aperçus neufs, sur *Alain d'Albret et la succession de Bretagne*, est l'une des plus curieuses monographies provinciales que je sache. On y suit avec attrait et presque avec sympathie cette physionomie si caractérisée du bisaïeul d'Henri IV, comme lui ambitieux, à la fois entreprenant et habile. Né plus pauvre que le dernier cadet de Gascogne, sans autre avoir que le mince fief de Rions et 500 livres de revenu, puis devenu, à la suite d'un premier mariage avec Françoise de Blois, comte de Périgord et vicomte de Limoges, Alain éleva bientôt ses prétentions jusqu'à la main d'Anne de Bretagne. Il réussit à l'obtenir de la faiblesse du duc François, et le mariage fut conclu *par paroles de présent* avec cette fiancée de 11 ans. Mais Anne devenue nubile et duchesse, refusa de tenir sa promesse. Alain qui poursuivait la duché et non la femme, exigea alors qu'elle épousât son fils Jean d'Albret, et Charles VIII promit de réaliser cette union. Jean d'Albret était déjà marié à l'héritière de Navarre ; mais la duché de Bretagne valait mieux que le petit royaume pyrénéen, et le divorce était alors de mode royale.

Par malheur pour les d'Albret, Charles VIII trouva, réflexion faite, que la terre bretonne était un fleuron digne de la couronne de France, et, bien que marié lui aussi, il répudia Marguerite d'Autriche pour épouser Anne de Bretagne. La déception fut cruelle pour Jean d'Albret ; il est vrai qu'à moins d'un siècle de là, Henri IV devait en prendre sa revanche, et ce n'est pas, Monsieur, sans un patriotique orgueil de méridional que vous évoquez, en terminant, les étranges et providentielles destinées de cette race gasconne qui sut grandir à la fois par la politique et par l'épée jusqu'au jour où elle s'annexa la France elle-même, terminant ainsi la vieille et détestable lutte des provinces du nord contre les pays d'Oc.

De Pau le Congrès scientifique de France se transporta, l'an d'après, à Périgueux, et l'œuvre la plus considérable qui lui fut soumise était encore de vous, Monsieur. C'est une statistique de la vicomté de Limoges au moyen-âge, œuvre de patiente érudition, puisée aux sources premières, et reconstituant pour la première fois, sous tous ses aspects, l'organisation de ce grand fief du Limosin qui offre, avec notre Provence, tant de points curieux de comparaison. Il a fallu des années de recherches pour accomplir ce travail, qui semble sorti d'une de ces vieilles plumes bénédictines, dont la critique sûre et le labour obstiné font à la fois notre admiration et notre découragement.

Ce n'est pas seulement à ces grandes, mais intermittentes assises de la science que vous avez apporté, Monsieur, un concours assidu et remarqué. Dans les diverses villes de notre Midi où vous ont successivement appelé vos fonctions judiciaires, un juste renom vous avait précédé, et les plus éminentes Académies se sont fait un orgueil de vous ouvrir leurs portes dès la première heure. C'est ainsi qu'à Agen, à Pau et à Toulouse, vous avez tour à tour apporté le tribut de votre collaboration aux sociétés locales. Je voudrais que l'heure me pressât moins, pour entretenir un instant cette Assemblée des travaux dont vous avez enrichi leurs Mémoires. Il me suffira, d'ailleurs, de rappeler au souvenir de mes confrères une publication que tous connaissent, car elle fut un événement parmi le monde de l'érudition historique : je veux parler de ce testament du maréchal de Monluc, tiré de vos archives domestiques et publié avec une introduction où la carrière et le portrait du glorieux soldat sont exquissés dans un élégant et complet raccourci. Je ne peux davantage taire ce *Journal de François de Syrueilh*, où sont racontées, jour par jour, les guerres de religion dans la Guyenne et la Gascogne, précieux document qui, complété par vos savantes notes, ajoute un chapitre de plus à cette histoire si agitée, si curieuse, si instructive du XVIe siècle ; lumineuse leçon du passé, où le présent peut voir ce que l'esprit de parti, étroitement substitué au patriotisme, peut amonceler de ruines matérielles et morales.

Si rapide, si incomplet qu'il soit, ce relevé de vos travaux donne, Monsieur, la mesure de ce qu'attend l'Académie de l'aide bienveillante que vous venez de lui promettre en termes si élevés et si généreusement sentis. Il n'était nul besoin des pages éloquentes que nous venons d'applaudir, pour nous remplir, au moment où vous devenez nôtre, de fierté et d'espérance. Déjà, et sans attendre l'heure de votre installation, vous avez bien voulu associer notre Compagnie au récent succès qu'obtenait, l'autre jour, en Sorbonne, une importante découverte archéologique qui vous est due. Tout aussi bien, Monsieur, et puisque, d'avance, vous avez pris rang parmi nous, ce n'est point par une banale formule d'installation que je prétends vous accueillir. J'aime mieux vous dire plus simplement combien l'Académie d'Aix est honorée de vous voir accepter, sous le titre de membre d'honneur, les fonctions effectives d'Académicien titulaire. Par une distinction heureuse, notre Société est la seule en province qui joigne à l'étude de la science le privilège d'honorer les actions méritoires. Qui sera plus compétent en cette double matière que le magistrat éprouvé, qui, aux travaux du chercheur, sut joindre, en un jour de calamité publique, le dévouement du citoyen et du croyant, et arracher, au péril de ses jours, plusieurs familles à la mort ? Votre modestie s'offensera, je le crains, du souvenir que j'évoque ; mais il m'a semblé qu'il était bon de rappeler, en un temps où les axiomes eux-mêmes sont obscurcis, que le savoir et la vertu ne sont qu'un, et que le *dicendi peritus* n'est que la manifestation du *vir bonus*.

www.ingramcontent.com/pod-product-compliance
Lightning Source LLC
Chambersburg PA
CBHW060626050426
42451CB00012B/2452